Campeones de la NBA: Los Atlanta Hawks

El escolta Dominique Wilkins

El centro Tree Rollins

CAMPEONES DE LA NBA

LOS ATLANTA HAWKS

POR JOE TISCHLER

CREATIVE EDUCATION / CREATIVE PAPERBACKS

El ala pívot Alexander Volkov

Publicado por Creative Education y Creative Paperbacks
P.O. Box 227, Mankato, Minnesota 56002
Creative Education y Creative Paperbacks son sellos de The Creative Company
www.thecreativecompany.us

Dirección artística de Tom Morgan
Producción del libro por Graham Morgan
Editado por Grace Cain

Imágenes de Associated Press/AP Photo, 7, 12; Getty Images/Andrew D. Bernstein, portada, 1, Fernando Medina, 6, Focus On Sport, 2, George Long/WireImage, 15, Icon Sports Wire, 3, Jason Miller, 24, John Biever, 16, Kevin C. Cox, 5, New York Daily News Archive, 19, Sporting News Archive, 4, Thearon W. Henderson, portada, Todd Kirkland, 10, 20; Unsplash/Brad Huchteman, 9

Library of Congress Cataloging-in-Publication Data
Names: Tischler, Joe, author.
Title: Los Atlanta Hawks / by Joe Tischler.
Other titles: Atlanta Hawks. Spanish
Description: Mankato, Minnesota : Creative Education and Creative Paperbacks, [2025] | Series: Creative sports. Campeones de la NBA | Audience: Ages 7-10 years | Audience: Grades 2-3 | Summary: "Elementary-level text translated into North American Spanish and dynamic sports photos highlight the NBA championship win of the Atlanta Hawks, plus sensational players associated with the professional basketball team such as Trae Young"-- Provided by publisher.
Identifiers: LCCN 2024023407 (print) | LCCN 2024023408 (ebook) | ISBN 9798889898108 (lib. bdg.) | ISBN 9781682778692 (paperback) | ISBN 9798889898306 (ebook)
Subjects: LCSH: Atlanta Hawks (Basketball team)--Juvenile literature. | Basketball--Georgia--Atlanta--History--Juvenile literature.
Classification: LCC GV885.52.A7 T5718 2025 (print) | LCC GV885.52.A7 (ebook) | DDC 796.323/6409758231--dc23/eng/20240703

Impreso en China

El ala pívot Paul Millsap

El centro Al Horford

ÍNDICE

Hogar de los Hawks

Atlanta es la ciudad más grande del estado de Georgia. También es la capital del estado. Allí se encuentra el aeropuerto más transitado del mundo. También está el **estadio** de State Farm Arena. Es donde el equipo de baloncesto de los Hawks juega sus partidos en casa. Los Atlanta Hawks son un equipo de la Asociación Nacional de Baloncesto (NBA). Compiten en la División Sureste. Forma parte de la Conferencia Este. Sus **rivales** son el Miami Heat y el Orlando Magic. Todos los equipos de la NBA quieren ganar las Finales de la NBA y proclamarse campeones.

EMORY

El base Trae Young

Nombrando a los Hawks

El equipo jugó una vez sus partidos como local en el Medio Oeste. Se llamaban los Tri-Cities Blackhawks. Representaban a ciudades de Illinois y Iowa. En la década de 1830, había un jefe indio sauk llamado Black Hawk. En una ocasión dirigió una guerra en la región. El nombre del equipo se acortó a los Hawks cuando el club se trasladó a Milwaukee (Wisconsin) en 1951.

El centro Bob Pettit

Historia de los Hawks

Los Hawks entraron en la NBA en 1949. No fueron muy buenos ni en Tri-Cities ni en Milwaukee. Finalmente empezaron a jugar bien en otro hogar, St. Louis (Missouri). Se trasladaron allí en 1955. El centro Bob Pettit fue una de las primeras estrellas del equipo. Fue **All-Star** los 11 años que jugó para los Hawks. Dos veces fue nombrado **Jugador Más Valioso (MVP)** de la NBA.

Pettit llevó a los Hawks a las Finales de la NBA en 1957. Perdieron contra los Boston Celtics. Al año siguiente, los dos equipos volvieron a enfrentarse en las Finales. Esta vez ganaron los Hawks. Los Hawks volvieron a las Finales en 1960 y 1961. En ambas ocasiones perdieron contra los Celtics.

En 1968, los Hawks volvieron a mudarse. Se fueron a Atlanta. Lou Hudson fue la primera estrella del equipo en Atlanta. Ayudó al equipo a llegar a las Finales de la División Oeste dos años seguidos.

El escolta Lou Hudson

El escolta Dominique Wilkins

Dominique Wilkins fue la siguiente gran estrella del equipo. Era conocido por sus **mates** de altos vuelos. El apodo de Wilkins era el "Human Highlight Film". Ganó dos concursos de mates de la NBA. También participó en nueve partidos All-Star.

Lenny Wilkens fue un gran jugador y entrenador de los Hawks. Fue un base All-Star durante nueve temporadas. Más tarde fue el entrenador principal del equipo durante siete temporadas. A pesar de todo este talento, los Hawks no han vuelto a las Finales de la NBA en más de 60 años.

Otras estrellas de los Hawks

Los Hawks han tenido muchas otras estrellas. Mookie Blaylock y Wayne "Tree" Rollins eran grandes defensores. Blaylock robaba pases. Rollins bloqueaba tiros. Dikembe Mutombo también era un gran defensor. Dos veces fue nombrado Jugador Defensivo del Año de la NBA para los Hawks.

El centro Dikembe Mutombo

El escolta Dejounte Murray

El ala pívot Cliff Hagan jugó muy bien en los años de St. Louis. Jugó en cinco partidos All-Star. El escolta Joe Johnson anotó muchos puntos en la década de 2000. Fue seis veces All-Star.

Trae Young es uno de los mejores anotadores de la actualidad. Anota muchos triples. Dejounte Murray también anota mucho. Los aficionados de los Hawks esperan que pronto puedan ayudar a traer un **título** a Atlanta.

Acerca de los Hawks

Primera temporada: 1946-47

Conferencia/división: Conferencia Este, División Sureste

Colores del equipo: rojo, amarillo, negro y gris

Estadio local: State Farm Arena

CAMPEONATOS DE LA NBA:

1958, 4 partidos a 2 sobre los Boston Celtics

PÁGINA WEB DEL EQUIPO:

https://www.nba.com/hawks/

Glosario

All-Star—jugador elegido para jugar en el partido All-Star, en el que participan las principales estrellas de la temporada

estadio—un edificio grande con asientos para espectadores, donde se celebran partidos deportivos y eventos de entretenimiento

Jugador Más Valioso (MVP)—un honor otorgado al mejor jugador de la temporada

mate—tiro que se lanza con fuerza a través del aro

rival—equipo que juega más duro contra otro equipo

título—otra palabra para campeonato

El base Jeff Teague

Índice